METAFÍSICA
A Grande Força Espiritual
A Lei de Precipitação

METAFÍSICA
A Grande Força Espiritual
A Lei de Precipitação

Conny Mendez

© Publicado em 2012 pela Editora Isis Ltda.

Supervisor geral:
Gustavo L. Caballero

Revisão de textos:
Equipe Técnica Isis

Capa e Diagramação:
Décio Lopes

CIP-Brasil. Catalogação na Fonte
Sindicato Nacional dos Editores de Livros, RJ

Mendez, Conny

Metafísica – A Grande Força Espiritual - A Lei de Precipitação/ Conny Mendez – São Paulo – Editora Isis, 2012. – 1ª Edição - 80 págs.

ISBN 978-85-8189-003-6

1. Metafísica. I. Título.

Proibida a reprodução total ou parcial desta obra, de qualquer forma ou por qualquer meio seja eletrônico ou mecânico, inclusive por meio de processos xerográficos, incluindo ainda o uso da internet sem a permissão expressa da Editora Isis, na pessoa de seu editor (Lei nº 9.610, de 19.02.1998).

Direitos exclusivos reservados para Editora Isis

EDITORA ISIS LTDA
www.editoraisis.com.br
contato@editoraisis.com.br

Índice

A Chama Violeta 7
Prólogo 9
Capítulo I – A Fé Move Montanhas? Por Quê?... Como? .. 13
Capítulo II – O Decreto 23
Capítulo III – O Viver Diário 27
Capítulo IV – Presenteio-Te com o que Desejas 31
Capítulo V – Os Quinze Pontos 35
Capítulo VI – A Vida 39
Capítulo VII – Metafísica de Beleza 43
Capítulo VIII – 42 Ações para o Dia de Hoje. 47
Capítulo IX – Dei-me Calma, Senhor! 51
Capítulo X – O Que Sentes? 53
Capítulo XI – O Que é uma Pessoa Dinâmica 55
Capítulo XII – A Realização 59

Capítulo XIII – Estas Te Enganando a Ti Mesmo?............. 63

Capítulo XIV – A Técnica dos Tratamentos Metafísicos 65

Capítulo XV – O Amor... 69

A Chama Violeta

*Se não aceitamos que a Verdade está em nós,
não temos possibilidade alguma
de compreender a Verdade
que se expõe ante nós.
A Presença "EU SOU",
é a única corrente da vida interior
que encontra expressão.
Os veículos inferiores
ou o ser humano
são o Templo de Deus Vivo.
Toda imagem Nele manifesta-se
na sua experiência.*

Prólogo

O leitor tem em suas mãos uma obra repleta de profundidade, apesar da sua aparência simples, de uma profundidade, que apenas pode ser encontrada curiosamente nos atos mais simples e puros do ser humano comum e corrente: a vida cotidiana.

Praticamente, toda a filosofia oriental reflete a respeito deste aspecto humano, a ocidental pelo contrário, aventura-se pelos caminhos mais intrincados do Ser, e suas circunstâncias poucas vezes, "desce das nuvens" para ocupar-se da vida diária do comum dos mortais.

É por esta razão que este livro de Metafísica que recopilamos para compor a presente obra, tem uma dupla importância para nós, posto que, além de estar cheia de chaves, orações, bênçãos e conselhos, para todos os dias, constitui, como de fato se caracteriza pela pureza da metafísica, em uma das poucas disciplinas dedicadas à espiritualidade do homem ocidental que se ocupa dos afazeres diários e da enorme importância dos mesmos.

Nada seria do filósofo ou do pensador mais profundo e elevado, se esquecesse, em dado momento, de cumprir com os aspectos mais simples da sua manutenção pessoal. O próprio Buda Gautama pôs em risco sua vida, quando, decidiu ir ao encontro da Iluminação, tratou de esquecer-se dos atos, os mais cotidianos e dedicando-se unicamente a meditar por dias, semanas, meses e anos inteiros, deixou de alimentar seu corpo.

Uma jovem, simples, uma singela pastora, retificou o caminho ao próprio Buda, alimentou-o, cuidou do seu asseio e demonstrou-lhe que nada seria dele, nem da sua doutrina, se tivera se esquecido do aspecto mais primário do ser humano: a alimentação. Pouco depois, já recuperado e após ter compreendido isto, Gautama encontrou a Iluminação.

Com este exemplo, queremos ressaltar a importância que têm os atos mais comuns da vida cotidiana e que não devemos esquecer, nem deixar de abençoar, ainda, nos momentos mais difíceis da existência.

E já que tocamos no tema das bênçãos, que precisamente ocupam uma boa parte desta recopilação, desejamos tornar nossas, as palavras de outro grande mestre metafísico, o norte-americano, Charles Filmore, que a este respeito, disse:

"Qualquer coisa que tenhas, por inadequada que pareça, abençoe-a.

Ainda que não tenhas dinheiro e não tenhas alimentos, abençoa tuas mãos, tua mente, tuas habilidades, teus amigos, o ar que respiras, o sol que te ilumina.
Abençoe tudo e tua vida será abençoada com riquezas até agora por ti insuspeitas".

Para a presente antologia, organizamos um apanhado das obras de diversos autores metafísicos, que se ocupam destes temas tão próximos ao homem e, que por esta mesma razão, muitas vezes esquecemos, ou o que é pior, ignoramos, devido ao fato de estarmos ocupados com coisas muito mais "importantes" ou mais "profundas".

Esperamos sinceramente que este livro seja de grande utilidade e que o leitor reflita, a partir da sua leitura, sobre aqueles aspectos que conformam a mais importante das aventuras pelas quais passa o ser humano: a vida cotidiana.

Uma advertência:

Os livros metafísicos devem ser lidos várias vezes. Cada vez que se lê compreende-se melhor. Aquilo que é praticado fica gravado em nós. O que se lê, e não é praticado, desaparece da mente. Aprende a Grande Verdade:

"Tudo aquilo que pensas e desejas se manifestara em ti".

Os pensamentos são fatos reais. É a tua atitude que determina tudo o que te acontece. O teu próprio conceito é aquilo que vês, não só em relação ao teu corpo e caráter, mas também tudo no teu exterior, nas tuas condições de vida e no aspecto material. Os pensamentos SÃO FATOS. Você poderá constatar.

Se tiveres o hábito de pensar que seu corpo é de constituição saudável, seja lá o que fizeres, serás sempre saudável. Porém se mudas tua maneira de pensar e te deixas influenciar pelo medo às doenças; começarás a adoecer e perderás a saúde.

Se nasceste na riqueza, é possível que sejas sempre rico; a não ser que alguém te convença que existe o "destino" e comeces a acreditar que o que tens pode mudar de acordo com os "golpes e reveses", porque é isso em que acreditas.

A tua vida, e tudo o que te acontece obedece a tuas crenças e ao que expressas com palavras. É uma lei. Um princípio. Sabes o que é um Princípio? É uma lei invariável que nunca falha.

Esta lei chama-se **O Princípio do Mentalismo**.

Capítulo I

A Fé Move Montanhas? Por Quê?... Como?

Toda pessoa conhece o ditado e o repete como um papagaio, pois não sabem o que significa, nem porquê, nem como isso funciona, "a fé move montanhas".

Poucos sabem que o medo também move montanhas.

O medo e a fé são uma mesma força. O medo é negativo e a fé é positiva. O medo é a fé no mal. Ou seja, a convicção de que vai acontecer algo mau. A fé é a convicção de que o que vai acontecer é bom, ou que vai acabar bem. O medo e a fé são as duas caras da mesma moeda.

Você nunca teme que aconteça algo de bom. Nem nunca diz "tens fé em que vai acontecer algo ruim". A fé está sempre associada a algo que desejamos, e não creio que desejes algo de mal para você mesmo! Tens medo disso, não é?

Tudo aquilo pelo que temes o atrais e acontecerá. E, quando acontece, geralmente dizes com um ar triunfante: "Eu já sabia que ia acontecer!", e vais contar a todos, para dar lustre aos teus dons de clarividente. Mas o que na realidade aconteceu, aquilo que pensaste com medo. Pressentiste? Claro. Você mesmo o está dizendo. E sabes que tudo aquilo que se pensa sentido, ao mesmo tempo, uma emoção, é o que se manifesta ou se atrai. Você mesmo o antecipou e o esperava. Antecipar e esperar é fé.

Você nunca teme que aconteça algo bom. Nem nunca disse "tenho fé que vai acontecer algo ruim". A fé sempre está associada a algo que desejamos, e não creio que desejes algo de ruim para ti mesmo!

Agora repara, que tudo o que você espera com fé vem a ti, acontece. Então, se já sabes que isto funciona assim, o que te impede de usar a fé para tudo o que desejas: amor, dinheiro, saúde, etc. É uma lei natural. É uma ordem divina. Jesus Cristo nos ensinou com as seguintes palavras que você conheces:

>*"Tudo o que pedires em oração*
>*e acreditando, o recebereis".*

Não fui eu que inventei isso. Está no Capítulo nº 21, versículo 22 de São Mateus. E São Marcos o expressa ainda mais claro:

>*"Tudo o que pedires orando,*
>*crê que o receberás e vos chegará".*

São Paulo disse por palavras que não têm outra interpretação:

"A fé é a certeza daquilo que se espera, a convicção daquilo que se vê."

Acima disse que a fé é a convicção do bem.

A convicção vem do conhecimento. Supúnhamos que você vive numa província na qual nunca foste à capital. Queres ir à capital, apanhas um ônibus, um carro ou um avião. Sabes onde fica a capital e como chegar a ela.

Um dia você vai à capital, utilizando a melhor forma de chegar, mas pelo caminho não pensas, com medo, num acidente.

Se fosse um índio selvagem, poderia tremer de medo por desconhecer totalmente o que poderia acontecer. Mas, sendo uma pessoa civilizada, vai calmo, sabendo que a tal hora chegará à capital. O que é que te dá essa fé? O conhecimento.

A ignorância dos Princípios da Criação é o que faz com que o mundo tema o mal, não saiba empregar a fé e nem sequer saiba o que ela significa.

A fé é convicção, segurança; mas esta tem que estar baseada no conhecimento de algo. Sabes que existe a capital e vai até ela. Por isso sabes que não irás para outro lugar.

Agora sabes que quando desejas algo, se tens medo de não conseguí-lo, não o terás. Porque o negas antes de recebê-lo, como no exemplo já dado, da oração que faz a Deus a humanidade:

"Meus Deus, concede-me tal coisa, apesar de eu saber que não vais conceder porque vais achar que não me convêm".

Não a obterás porque a negaste de antemão. Confessaste que não o esperas.

Deixa-me te dar a fórmula metafísica para se obter qualquer coisa que se desejes. É uma fórmula e temos que empregá-la para tudo. Comprova-a por ti mesmo. Não acredites em mim cegamente. Diz:

"Eu desejo... (tal coisa). Em harmonia para todos e de acordo com a Vontade Divina. Sob a Graça e de forma perfeita".

Obrigado Pai que me ouviste".

Agora não duvide por um só instante. Empregaste a fórmula mágica. Cumpriste com a lei completa e não tardará em ver o teu desejo manifestado. Tem paciência. Quanto mais tranquilo esperares, mais depressa verás o resultado.

A impaciência, a tensão e o pôr-se a empurrar mentalmente, destroem o tratamento (a fórmula é o que em Metafísica se chama "um tratamento").

Para que saibas o que fizeste ao repetir a fórmula, vou explicar o processo detalhadamente. Ao dizer **"...em harmonia para todos"** eliminaste todo o perigo de que a tua conveniência prejudicasse outros, não sendo possível desejar o mal a outros.

Ao dizeres **"...de acordo com a Vontade Divina"**, se o que você deseja é menos perfeito para ti, verás acontecer algo muito melhor do que esperavas. Neste caso, significa que o que estavas querendo não ia ser suficiente, não iria resultar em tão bom quanto você pensava. A Vontade de Deus é perfeita.

Ao dizeres **"...Sob a Graça e de maneira perfeita"**, é fechado um segredo maravilhoso.

Deixa dar-te um exemplo daquilo que acontece quando não se sabe pedir sob a Graça e perfeição.

Uma senhora necessitava urgentemente de um montante em dinheiro, e pediu-o para o dia 15 do mês. Tinha fé absoluta de que receberia tal quantia, mas o seu egoísmo e indiferença não a inspirou. No dia seguinte ao pedido, a sua filha foi acidentada por um carro, e no dia 15 do mês ela recebeu a quantia exata que tinha pedido. Teve que pagá-la à Companhia de Seguros pelo acidente da filha. Ela trabalhou a Lei contra ela mesma.

Pedir **"sob a Graça e de maneira perfeita"** é trabalhar com a lei espiritual. A Lei de Deus que se manifesta sempre no plano espiritual. No plano espiritual, tudo é perfeito, sem obstáculos, sem inconvenientes, sem tropeços nem males para ninguém, sem lutas nem esforços, "suave, suave", tudo com grande amor e essa é a nossa Verdade. Essa é a Verdade que ao ser conhecida nos faz livres.

"Obrigado Pai que me ouviste"

É a maior expressão de fé que podemos ter.

Jesus ensinou-a e empregava-a em tudo. Antes de partir o pão com que alimentou cinco mil pessoas, até para dizer como transformar o vinho no seu sangue. Dando graças ao Pai antes de ver a manifestação.

Como estas vendo, tudo o que Jesus ensinou foi metafísico.

Tudo o que desejas, tudo aquilo de que for necessitando, podes pedi-lo e se manifestará.

O Pai já previu tudo, já deu tudo, mas tem que ir-lhe pedindo à medida que se sinta a necessidade. Só tens que te lembrar que não podes pedir o mal para outro porque te será devolvido, e tudo o que peças para ti deves pedi-lo também para toda a humanidade, porque todos somos filhos do mesmo Pai.

Por exemplo, pede grande. O Pai é muito rico e não gosta de mesquinhez. Nunca digas:

"Deus Pai, dá-me uma pequena casa. Só te peço uma pequena casa, mesmo que seja bem pequenininha".

Quando na realidade você necessita de uma casa muito grande porque tua família é numerosa. Não receberás senão aquilo que pedes. Assim, pede:

"Pai, dá-me a mim e a toda a humanidade todas as maravilhas do teu Reino".

Agora faça a lista.

Para ir fortalecendo a fé, faz uma lista de coisas que desejas ou que necessitas. Enumera todos os objetos ou as coisas.

Ao lado desta lista faz outra, enumerando coisas que desejas ver desaparecer, ou em ti mesmo ou externamente.

No mesmo papel escreve a fórmula que já te dei acima.

Agora, lê o teu papel todas as noites. Não permitas sentir a menor dúvida. Dá de novo Graças, todas as vezes que penses no que escreveste.

À medida que vejas que se vão realizando as coisas enumeradas, vai marcando-as. E no final, quando as vires todas realizadas não sejas mal agradecido pensando: "Isso acontecia da mesma forma", porque isso é mentira. Se te deram foi porque as pediste corretamente.

Como já estás muito habituado a sentir medo por varias razões, cada vez que fores atacado por um medo, repete a fórmula seguinte, que irá apagando o reflexo que tens gravado no teu subconsciente:

"Eu não tenho medo. Não quero o medo. Deus é amor e em toda a Criação não há nada que temer. Eu tenho fé. Quero sentir fé".

Um grande Mestre dizia:

"...a única coisa que se deve temer é o medo".

Deves repetir esta fórmula mesmo que estejas tremendo de terror. Nesse momento, com mais razão. Somente o desejo de não ter medo e o desejo de ter fé, bastam para anular todos os efeitos do medo e para nos posicionar no pólo positivo da fé.

Suponho que já conheces o princípio psicológico que diz que, quando se apaga um hábito há que substituí-lo por outro. Cada vez que se nega ou expulsa uma ideia cristalizada no subconsciente, ela é um pouco apagada.

O pequeno vazio que assim se faz, tem que ser preenchido imediatamente com uma ideia contrária. Senão, o vazio atrairá ideias do mesmo tipo e que estão sempre suspensas na atmosfera, pensadas por outros.

Pouco a pouco irás vendo que os teus medos desapareçam, se é que tens a vontade de ser perseverante, repetindo a fórmula em todas as circunstâncias que se vão apresentando.

Pouco a pouco irás notando que unicamente te acontecem as coisas como você as queria. Disse Jesus:

"Pelos seus frutos os conhecereis".

Esta grande ferramenta – "o poder do decreto" atrai a nossa atenção na extraordinária história da criação que encontramos nos primeiros capítulos de Génesis na Bíblia. Sugiro que arranjes algum tempo para ler este maravilhoso relato.

Durante a leitura darás conta que o homem (quero dizer você e eu) não fomos criados para ser a peça do jogo das circunstâncias, a vítima das condições ou um malandro empurrado de um lado para o outro por poderes fora do seu controlo. Em vez disto, vemos que o homem ocupa o pináculo da Criação, que longe de ser o mais insignificante do Universo é, pela mesma natureza dos poderes com o qual foi brindado pelo seu Credor, a suprema autoridade designado por Deus para reger a terra e toda a coisa criada.

O homem está dotado dos mesmos poderes do Criador, porque é *"feito à Sua imagem e semelhança"*.

O homem é o instrumento pelo qual a sabedoria, o amor, a vida e o poder do Espírito Criador, se expressa em plenitude.

Deus situou o homem num Universo que responde e obedece (incluindo o seu corpo, os seus assuntos, o seu ambiente) sem outra alternativa senão a de levar a efeito os créditos ou decretos da sua suprema autoridade.

O poder de decretar é absoluto no homem; o domínio que Deus lhe deu, irrevocável; e ainda que a natureza básica do Universo seja boa na avaliação feita pelo Criador, pode aparecer perante o homem, somente como ele decretou que apareça.

Vemos que, enquanto o homem foi obediente ao seu Criador, manteve o seu poder de pensar e fazer decretos ao tom do espírito do Bem que é a estrutura da Criação, viveu num universo de bem, num "Jardim de Éden". Mas, quando o homem "caiu" ao comer da árvore do conhecimento do bem e do mal, e elegeu basear-se no seu pensamento e usar os seus poderes no bem e no mal – o que como indivíduos livres podiam fazer – imediatamente encontrou suor e espinhos misturados com o pão de cada dia.

Desde a "caída", o homem atarefou-se a declarar o seu mundo bom ou mau, e as experiências tornaram-se de acordo com os seus decretos. Isto demonstra, evidentemente, como responde o Universo e quanto completo e de grande alcance é o domínio e a autoridade do homem.

Capítulo II

O Decreto

Cada palavra que se pronuncia é um decreto que se manifesta no exterior. A palavra é o pensamento falado. Isto não significa que os outros nos julgarão por aquilo que dizemos, apesar disto também ser verdade; como já terás compreendido, o Mestre ensinava metafísica, só que o povo não estava ainda suficientemente maduro para entender. Em várias ocasiões ele disse:

"...há muitas outras coisas, mas que não seriam compreendidas".

Em outras ocasiões ele disse:

"...aquele que tiver ouvidos para ouvir, ouviria".

A segunda referência que fez ao poder da palavra foi:

"Não é o que entra pela boca que intoxica o homem, mas o que da sua boca sai, porque o que da boca sai, do coração procede".

Mais claro não pode ser expresso.
Preste atenção a tudo aquilo que decretas num só dia.
Vamos relembrar:

- Os negócios estão péssimos!
- As coisas andam muito mal!
- A juventude está perdida!
- O trânsito está impossível!
- O meu trabalho está insuportável!
- Não se consegue emprego de jeito nenhum!
- Não deixes nada por aí porque poderá ser roubado!
- Os ladrões estão assaltando em todas as esquinas!
- Tenho medo de sair à rua!
- Cuidado não vai cair!
- Ainda você vai ser atropelado!
- Vai quebrar isso!
- Que má sorte. Tenho muito azar!
- Não posso comer isso porque me fará mal!
- A minha memória é fraca!
- Sempre tenho dor de cabeça!
- Não quero nem pensar no meu reumatismo!
- Esse sujeito parece bandido!
- Isso é uma desgraçada!
- Tinha que acontecer!

Não te surpreendas nem te queixes se ao expressar alguma destas frases o verás acontecer. Você o decretou! Deste uma ordem para ser cumprida! Agora lembra e não esqueças nunca, cada palavra que pronuncias é um decreto. Positivo ou negativo.

Se for positivo manifestar-se-á no bem. Se for negativo, manifestar-se-á no mal. Se for contra o próximo é igual que se o tivesses decretado contra ti mesmo. SERÁ DEVOLVIDO A VOCÊ.

Se fores bondoso e compreensivo com os outros, receberás bondade e compreensão por parte dos outros. E se acontecer algo que te aborreça, algo desagradável ou negativo, não digas:

*"Eu não estava pensando nisso
e nem tenho medo que isto me aconteça"!*

Tenha a sinceridade e a humildade de lembrar em que termos te expressas em relação a alguém próximo.

Em que momento saiu do teu coração um conceito velhíssimo, ali arraigado, que se calhar não passa de um costume social como a maior parte, desses citados acima, e que, realmente, não tens vontade de continuar a usar. O sentimento sempre acompanha um pensamento; é o que se grava com mais firmeza no subconsciente.

Mestre Jesus, que jamais empregou palavras supérfluas, expressou-o muito bem ao dizer:

"O que da boca sai, do coração procede".

Isto dá-nos a chave inequívoca.

Capítulo III

O Viver Diário

"*EU SOU*" a Lei do Perdão e a chama Violeta transformadora de toda ação não harmoniosa e toda criação humana desde o hoje para trás até o momento da minha individualização.

"*EU SOU*" aqui e "*EU SOU*" ali e eu estou aí em toda a Humanidade, de maneira que tudo o que eu diga de agora em diante inclua todo o ser humano.

"*EU SOU*" a Presença do Deus Todo Poderoso que mantém o Fogo Violeta, ardendo em todo o meu ser, em todo meu mundo, e me mantém selado ao pilar do Fogo Violeta que transforma num instante, qualquer criação humana, que regresse em busca de redenção ao meu redor; através de mim; desenvolvendo opressão contra mim ou que eu contate de qualquer forma.

Minha Amada Presença transmuta toda imperfeição que eu possa ter criado, e com a autoridade do *"EU SOU"* me repõe todas as forças e a perfeição que eu desejo.

"EU SOU" todo o SER Ascendido que estou desejando ser.

"EU SOU" a Presença conquistadora e Eu ordeno a minha Amada Presença que governe perfeitamente minha mente, meu lar, meus assuntos e meu mundo.

"EU SOU" A Magna Energia Eletrônica que flui, enche e renova cada célula da minha mente e do meu corpo agora mesmo.

Em nome, pelo poder e a autoridade da Amada Presença e do três vezes três.

"EU SOU" a Ressurreição e a Vida de toda a perfeição na minha corrente de vida.

De minha eterna juventude e beleza.

De minha agilidade e frescor.

De minha perfeita visão e audição.

De minha perfeita saúde.

De minha força e energia ilimitadas.

De minha perfeita dentição, de minha pele, de minha estrutura óssea.

De minha perfeita simetria.

De meu fundo ilimitado de dinheiro.

De toda a perfeição no meu mundo e na minha vida.

De todas as faculdades do meu corpo causal.

De meu Plano Divino já cumprido.

Eu peço que seja protegido contra todas as intromissões que por necessidade atravesso, estou envolto no meu círculo eletrônico eternamente sustentado, por que

"EU SOU" O Fogo Sagrado. Todo o que de mim se acerca é, agora e sempre, transmutado na minha aura, porque eu não estou aqui para cumprir um lapso carmíco; eu estou aqui para irradiar e permaneço intocado por toda vibração menor.

"EU SOU" manso e humilde de coração.

"EU SOU" o Amor Divino, a Inteligência Divina, o Poder Divino, o Equilíbrio e o Alento Divino.

"EU SOU" a riqueza, a elegância, a alegria, a felicidade.

"EU SOU" o corpo de CRISTO.

"EU SOU" a Trindade.

"EU SOU" todas as nobres faculdades, os talentos e as virtudes.

"EU SOU" a pureza imaculada que mantém impecável meu corpo, minha roupa, meu lar, minha consciência e meu mundo.

"EU SOU" o caminho, a verdade e a vida.

"EU SOU" a porta aberta que nada pode fechar.

"EU SOU" toda a perfeição contida em mim.

"EU SOU" o único poder contido em mim, a única Presença, a única Harmonia.

"EU SOU" um com o Pai.

"EU SOU" a Presença Guardiã que nada nem ninguém pode afetar, assustar nem desagradar.

"EU SOU" DEUS EM AÇÃO.

TUDO ISSO RECONHEÇO E PEÇO PARA TODOS MEUS IRMÃOS HUMANOS.

*"Dou graças ao Pai
Por me teres ouvido".*

Capítulo IV

Presenteio-Te com o que Desejas.

Escreva no papel, e por ordem de importância, todas as coisas que desejas; sem temor de pedir demasiado, pois a força que vou te dar a conhecer não sabe das limitações.

1) Lê tua lista ao despertar e antes de dormir.
2) Pensa nos teus desejos.
3) Goza imaginando-os, e sempre que os recordares, diz:

"Obrigado Pai!
Por já ter ordenado que me sejam conferidos!".

Não contes a ninguém o que estás fazendo!

Isto é muito importante, porque se o comentas com alguém, dissipa-se toda a força e não verás realizados os teus desejos.

Isso é tudo por agora.

Para tua maior satisfação, seja esplêndido contigo mesmo.

Não digas, na tua lista que desejas uma casinha, ainda que seja pequena, pede-a do tamanho que te convenha e te agrade plenamente.

Se for dinheiro, menciona a soma, se é trabalho, indica que tipo, o pagamento a que aspiras as condições e a localidade mais conveniente para ti.

Na tua primeira lista, põe coisas simples para que possas ir acostumando a ver caírem e ocorrerem maravilhas, pois como jamais fizeste isto, não vais acreditar no que seja possível e advirto-te que esta dúvida pode custar-te a que não vejas o que havias pedido.

É natural que te ocorram dúvidas e desconfiança, pois a ideia é muito nova para ti.

Quando, porém, sentires ceticismo, pessimismo ou outro, retira tua lista, torna-a lê-la dá novamente graças.

O agradecer pelo que ainda não veio, é a forma mais positiva de manifestar a fé.

Se Lembre de Jesus Cristo em várias ocasiões.

Como recordarás, antes de alimentar as cinco mil pessoas, com cinco peixes e cinco pães, olhou para o céu e deu graças no momento de cortar o primeiro pedaço de pão.

Ah! Você vai se surpreender cada vez que leias a lista. Terá que riscar alguns pontos que já foram realizados. Então terás que refazer a relação, acrescentando outros pontos nos lugares dos já riscados.

Não te preocupes com isto. É natural, acontece com todos.

O que ocorre é que teu Eu Superior vai indicando-te que muitos dos teus desejos, já estão ao alcance das tuas mãos, enquanto que, outros, nem tanto.

Ah! Não te ponhas a divagar a respeito da maneira como estes lhe serão dados, porque se torna contraproducente.

A Grande Força Espiritual está além da compreensão humana.

Aceita o que te foi dado com gratidão, não interrompas nem o desvalorizes e, sobretudo não penses, ou digas, ou exclames, quando vires teus desejos realizados: "Como pode ser?" "Isto não é possível!" Nada disso!

O que acontece é que a Grande Força Espiritual (cujo nome verdadeiro é: A Lei de Precipitação) é completamente impessoal e dispõe dos seus dons nos lugares mais harmoniosos e naturais, aproveitando os canais já estabelecidos em tua própria vida.

A ela não interessam nem o exibicionismo, nem a surpresa. Apenas cumpre com o prometido de dar o que pedes onde melhor lhe convenha.

Capítulo V

Os Quinze Pontos

COMO saber se estou no Caminho CERTO.

1) Quando Eu procuro o bem em cada situação, em cada pessoa ou em cada coisa.

2) Quando resolutamente lhe dou as costas ao passado, seja bom ou mal, vivo unicamente no presente e no futuro.

3) Quando Eu perdôo a todo o mundo sem exceção, não importando o que tenham feito; e logo me perdôo a mim mesmo de todo o coração.

4) Quando Eu considero meu trabalho ou tarefa diária como coisa sagrada, tratando de cumpri-la o melhor possível, quer me agrade ou não.

5) Quando Eu faço tudo que me é possível para manter um corpo são e um ambiente harmonioso ao meu redor.

6) Quando Eu procuro prestar serviços a todos os demais sem fazê-lo de modo inoportuno ou a desgosto.

7) Quando Eu aproveito todas as ocasiões para fazer que os outros conheçam a Verdade, de uma forma sábia e discreta.

8) Quando Eu evito incondicionalmente a crítica, negando-me a escutá-la ou apoiá-la.

9) Quando Eu dedico o mínimo de um quarto de hora para a meditação e a oração.

10) Quando Eu leio pelo menos sete versículos da Bíblia ou um capítulo de algum livro instrutivo sobre a Verdade para esta Era.

11) Quando Eu faço um tratamento especial diariamente para pedir ou demonstrar a Compreensão, (devemos confirmá-la sabendo que Deus está conosco, ou encarregar

12) A Senhora Mestra Ascendida Nata do Raio Rubi, como às Hostes do Raio Dourado).

13) Quando me preparo para levar meu primeiro pensamento a Deus ao despertar-me.

14) Quando Eu pronuncio o Verbo pelo mundo inteiro todos os dias, ou melhor, em nossos exercícios diários, ou especialmente, digamos, às doze horas do dia.

15) Quando Eu pratico a Regra de Ouro de Jesus, em lugar de admirá-la unicamente. Disse Ele:

"faça aos outros o que desejas que te façam a ti".

O importante da Regra de Ouro é que devemos praticá-la, ainda que os demais não a pratiquem para conosco.

Todavia, também não existe regra que não tenha o seu oposto, de maneira que não permitas que outros te façam o que tu serias incapaz de fazer a eles.

Quando me dou conta perfeitamente de que aquilo que vejo não é senão o reflexo pelo qual me é possível transformar por meio da Oração Científica.

Para poder demonstrar harmonia e perfeição de tudo em tua vida, pergunta-te uma vez por semana, se tens cumprindo todos estes pontos.

Onde quer que se mencione o perdão, pode-se inserir a oração da Chama Violeta: *"EU SOU"* a Lei do perdão e a Chama transformadora de todos os erros cometidos por mim e por toda a humanidade. Naturalmente que isto se destina aos estudantes que já conhecem as Chamas.

Capítulo VI

A Vida

Um dos aspectos de Deus ou "Daquele a quem chamamos Deus" é a Vida

Deus é Vida; entre tantas outras coisas.

Deus é a nossa vida e de tudo que existe.

A vida toda é uma só, a tua, a minha, a da planta, do inseto da ave etc.

Não nos pertence individualmente.

É uma imensa vida na qual estamos flutuando.

Somos cada um, uma esponja num oceano de vida.

Estamos acostumados a pensar que cada um isoladamente possui uma quantidade de vida e que esta, como a água num poço rodeada de terra, vai evaporando-se e secando e que nele pode cair algo sujo ou algo que a infecte ou o contamine.

Não a ela, a este manancial imenso, inesgotável e indestrutível, não lhe pode ocorrer absolutamente nada.

Ela não pode morrer.

É um manancial de energia que flui através de nós, que nos penetra e que, portanto nos mantêm viventes; ou seja, nós somos seres viventes porque estamos nela.

Como a raça íntegra crê que o ser humano é um pequeno poço de vida separado e isolado que é suscetível à enfermidade, ao desgaste pelos anos e à morte, toda a raça manifesta esta crença; porém, quando esta opinião for apagada à força de negá-la e de afirmar a Verdade, deixarão de adoecer-se, de envelhecer e de morrer.

Enquanto mais se pense e se medite sobre a verdade, mais rápido se livrará o ser humano destas falsas crenças, porque a verdade é cumulativa. "Conhecerás a verdade e ela os tornará livres", disse Jesus; e também "O reino dos céus é semelhante à levedura, que uma mulher tomou e escondeu em três sacos de farinha, até que tudo ficasse fermentado". Mais claro não é possível.

O reino dos céus não é aquele que nos ofereceram para outro plano se nos comportássemos bem. È o estado de felicidade, harmonia e progresso que estamos buscando aqui. Esta meditação que lhes está esclarecendo algo que vocês não conheciam; que lhes está removendo células que estavam dormentes é a levedura a que Jesus se refere.

Esta verdade que ouve hoje continuará trabalhando em você, até que um dia de repente se ilumine a ideia como um sol. Porque haverá fermentado toda a massa.

Estamos habituados e tão endurecidos pelo costume, a ver-nos uns aos outros que não nos impressiona o milagre que representa uma personalidade que fala, pensa, movimenta-se, ouve e vive só por si mesmo, sem nenhum cabo que o conecte a uma corrente elétrica; sem que esteja semeado na terra.

É este outro milagre que ocorre a cada minuto?

Uma criança que, ao ser separada da mãe lhe comunica sua vida e continua vivendo. E nada disto nos chama a atenção, quando tudo isso deveria provocar-nos constante assombro e contemplação.

O que é isso? Como é isso?

Será que vocês acreditam que esta maravilha, este milagre é produzido por uma xícara de café com leite?

A comida e o ato de comer são ressaibos que ficam do reino animal, são instintos animais. Como eles não pensam nem reagem ainda, não têm intuição, apenas instinto.

Ainda os rege a célula, aquela primitiva que era um estômago, o desejo rudimentar. Obedecem cegamente ao Princípio de Geração e à lei de evolução que ordena a combinação dos elementos e a alteração paulatina de vibrações.

O homem já é pensante, racional e intuitivo. Suas vibrações intensificam-se ao pensar nas mais altas frequências.

Ao ouvir, compreender e aceitar a verdade de todas as coisas acelera sua frequência e naturalmente se eleva de plano.

A meditação, como é pensar profunda e determinadamente nestes altos conceitos, faz progredir o ser rapidamente. Por isto estou fazendo-os meditar.

Nós somos filhos de Deus, feitos da sua própria substância. Somos esponjas num oceano de Vida. Não necessitamos de alimento exterior.

Quando nos compenetrarmos bem desta verdade e a realizarmos, vamos encontrar-nos comendo menos e menos automaticamente, sem fazer nenhum esforço nem sacrifício.

A levedura da verdade terá penetrado toda a massa; as células do corpo estarão vibrando em altas frequências. A vida é ela mesma o alimento. Ela é saúde, energia, beleza. É Vida.

Capítulo VII

Metafísica de Beleza

Quando se entra em plena metafísica; ou seja, quando se está disposto a mudar a consciência carnal pela consciência espiritual, escapa-se do plano da luta e das leis terrenas para entrar no plano da Lei Espiritual e a manifestação suave e perfeita.

Para quitar-se de cima: gordura, peso, volume, erupções, manchas da pele, rugas, queda de cabelo, imperfeições em geral, o Ascendido Mestre Saint Germain traçou uma série de pequenos e suaves procedimentos para serem executados diariamente, sem esforços, sem exercícios, sem dietas, sem máscara, massagens nem operações, já que tudo isso se depreende da crença no poder dos efeitos exteriores, quando é este manifestação do erro e da falsa crença que estão arraigados no subconsciente.

Em outras palavras, o que se baseia no erro é mentira.

A Verdade é perfeita e é CAUSA de perfeição manifesta. Ou seja, que os efeitos exteriores são, por exemplo, a gordura é efeito do que se come, ou que o metabolismo anda mal etc.

Tens aí, dois efeitos exteriores; nenhum dos dois é causa.

Para atacar a causa, deve saber primeiro que se desprender de uma falsa crença na mente inconsciente. A primeira e principal causa é ter aceitado, quando alguém sugeriu diante de ti, ou, o que leste na Imprensa, aquilo de que as coisas que entram pela boca podem converter-se em fator de fealdade.

O Mestre Jesus deixou expresso muito claramente:

"Não é o que entra pela boca que prejudica o homem, mas o que sai da boca, pois procede do coração";

Ou seja, que a palavra falada, o verbo, é um decreto que vem do que naquele tempo chamava-se de "o coração", ao subconsciente.

Nosso amado Ascendido Mestre Saint Germain ditou os seguintes exercícios para emagrecer, pelos quais vai desaparecendo a gordura sem deixar rugas; vai-se embelezando a pele e curando o que estiver doente.

1) Todos, os dias, de pé frente ao espelho, com a mão esquerda erguida com a palma para o céu, e com a direita apalpando o ventre em rotação da esquerda para a direita (no mesmo sentido dos ponteiros do relógio) dizer em voz alta ou mentalmente, como melhor lhe aprouver:

> *"Eu sou a magna energia eletrônica que entra, flui e renova cada célula do meu corpo e minha mente, eliminando tudo que não seja similar a ela, agora mesmo".*

2) Para proceder em outras partes do corpo que obriguem a usar a mão direita e, por conseguinte, deve baixar a mão esquerda, que polariza, veja mentalmente, um círculo de luz prateada que sobe e baixa em torno do corpo; massageie circularmente todas as partes que se deseje adelgaçar (ou se é delgado e quer ter formas mais cheias, também pode usá-lo com essa intenção), repetindo a afirmação.

Outra forma de fazê-lo é colocando-se as mãos nos ombros e deslizando-as por todo o corpo até os pés, sentido a simetria e perfeição da forma que se deseja ter; a afirmação dada anteriormente pode variar segundo o resultado que se quer obter, por exemplo:

> *"Eu sou a magna energia eletrônica que entra, flui, renova, embeleza e rejuvenece".*

Capítulo VIII

42 Ações para o Dia de Hoje.

1) Serei feliz.
2) Expulsarei do meu espírito todo pensamento triste.
3) Sentir-me-ei mais alegre do que nunca.
4) Não me lamentarei de nada.
5) Hoje agradecerei a DEUS a alegria e a felicidade que me concede.
6) Tratarei de ajustar-me à vida.
7) Aceitarei o mundo como é e procurarei enquadrar-me nele.
8) Se acontecer algo que me desagrade, não me lamentarei, nem me mortificarei, agradecerei pelo que haja sucedido, porque pôs à prova minha vontade de ser feliz.

9) Hoje serei dono dos meus nervos, dos meus sentimentos, dos meus impulsos.
10) Para triunfar tenho que manter o domínio de mim mesmo.
11) Trabalharei alegremente, com energia, ânimo e paixão.
12) Farei do meu trabalho uma diversão.
13) Comprovarei que sou capaz de trabalhar com alegria.
14) Comprovarei meus pequenos triunfos.
15) Não pensarei nos fracassos.
16) Serei agradável.
17) Não criticarei a ninguém.
18) Se começar a criticar uma pessoa, mudarei a crítica em elogios.
19) Toda pessoa tem seus defeitos e suas virtudes.
20) Concentrarei minha atenção nas suas virtudes e esquecerei seus defeitos.
21) Hoje evitarei as discussões e conversas desagradáveis.
22) Vou eliminar duas pragas: a pressa e a indecisão.
23) Hoje viverei com calma e paciência, porque a pressa é inimiga de uma vida feliz, e triunfarei.
24) Não permitirei que a pressa me acosse, nem que a impaciência me aflija.
25) Hoje terei confiança em mim mesmo.
26) Enfrentarei todos os problemas com decisão e vontade e não deixarei nenhum para amanhã.

27) Não terei medo, atuarei valentemente.
28) O futuro me pertence. Hoje terei confiança em que Deus ajuda os que lutam e trabalham.
29) Não invejarei os que têm mais dinheiro, mais beleza ou mais saúde do que eu. Contarei meus bens e não meus males.
30) Compararei minha vida com a de outros que sofrem mais.
31) Tratarei de resolver os problemas de hoje.
32) O futuro se resolve por si mesmo.
33) O destino pertence aos que lutam.
34) Hoje terei um programa para realizar; se algo me resta a fazer, não desesperarei, o farei amanhã.
35) Não pensarei no passado.
36) Não guardarei rancor contra ninguém.
37) Praticarei a lei do perdão.
38) Assumirei minhas responsabilidades e não deixarei a culpa em ninguém pelos meus problemas.
39) Hoje comprovarei que DEUS me ama e me premia com AMOR.
40) Praticarei uma boa ação por alguém.
41) A quem? Buscarei alguém para fazê-lo, sem que o descubram e, ao chegar a noite, comprovarei que DEUS me premiou com um dia cheio de felicidade.
42) E amanhã, farei um dia como o de hoje.

Capítulo IX

Dei-me Calma, Senhor!

Deixe-me sentir a profunda paz presente em cada experiência, a harmonia de viver.

Dê-me calma, Senhor, de modo que possa entrar na profunda paz dentro do meu coração.

Dê-me paz de modo que veja a bênção escondida em todas as coisas.

Proteja-me contra palavras ociosas e fantasias vãs.

Acalme a carreira da minha mente para que os meus pensamentos tenham a claridade e o fácil movimento do ar fresco que respiro.

Busco a serenidade de um lago tranqüilo, a força de um carvalho, o imutável e sólido poder das montanhas.

Dê-me calma, Senhor, para que possa empregar tempo em gozar a paz e a beleza que criaste ao meu redor.

Necessito tempo para pensar; tempo para considerar soluções dos problemas; tempo para converter meu ser interior e minha vida em amor e ordem divina.

Dê-me calma, Senhor, é minha oração e, enquanto rezo, sinto que tua presença mais me aquieta, sinto a suavidade da tua mão na minha, estou tranqüilo, estou quieto, estou em paz.

"Obrigado Pai, que me ouviste".

Capítulo X

O Que Sentes?

Não existem senão dois sentimentos que possa sentir o ser humano: amor e medo.

Geralmente supõe-se que haja inumeráveis classes de sentimentos, mas isto é uma ilusão. Todo sentimento, ao ser analisado resulta ser um dos dois: amor ou medo.

E o que é a ira? Pois a ira não é outra coisa, senão o medo disfarçado.

Na química vemos com frequência, que uma mesma substância, apresenta-se sob aparências totalmente diferentes; por exemplo, o carbono negro é a mesma coisa, quimicamente, que o diamante, ainda que pareçam tão distintos; diz-se que ambos constituem formas alotrópicas de carbono.

Da mesma maneira, a ira, o ódio, os ciúmes, a crítica, o egoísmo, não são senão formas alotrópicas do medo.

O prazer, o interesse, a satisfação do êxito e do sucesso, a apreciação da arte, são formas alotrópicas do amor.

A grande diferença que existe entre ambos os sentimentos, é que o amor sempre é criador; e o medo sempre é destrutivo.

Um sentido do amor reconstrói o corpo, amplia a vida, dá inspiração e expansão dos negócios, abre os caminhos para uma centena de direções e domina os obstáculos.

O medo destrói o corpo, mata a inspiração, paralisa os negócios, cobre tudo com um véu de morte.

Cumpre-nos decidir qual destes dois sentimentos haverá de reger nossas vidas. "Deus é amor; e quem habita no amor, habita em Deus e Deus habita nele".

Capítulo XI

O Que é uma Pessoa Dinâmica

Será que você é uma pessoa dinâmica?

Para muitos agradaria serem tidos como pessoas dinâmicas, mas parece não ter uma idéia clara do que significa esta expressão.

Alguns crêem, que ser agressivos ou e arrogantes os torna dinâmicos.

Outros acreditam que é atrair a atenção para si de alguma forma menos chamativa, porém igualmente efetiva.

De fato, nada pode estar mais afastado da verdade.

Uma pessoa dinâmica é aquela que faz algo para mudar o mundo e a gente.

Pode até nem ser tão grande a magnitude da sua obra, mas é um feito, porque o mundo fica um pouco diferente, pois aquela pessoa ali viveu e atuou.

Isto é uma pessoa dinâmica!

As pessoas dinâmicas como São Paulo, ou Washington ou Napoleão, estes mudaram as vidas e destinos de milhares de pessoas, e suas obras são conhecidas por todos; há, entretanto, muitos homens e mulheres cujas obras são pouco, ou quase nada conhecidas, e não obstante, são dinâmicos em sua própria escala, porque mudaram o mundo de uma forma mesmo que pequena.

Se realmente consegues que algo seja feito, não importa quão pequeno seja; és dinâmico, e o mundo é diferente porque viveste nele.

Se apenas aparentas fazer, ou falas, ou estás fabricando aparências, não és dinâmico és um ator ou atriz, és uma casca de ovo vazia. Ninguém quisera ser assim.

Aquele que faz algo de uma maneira nova e melhor, é dinâmico.

Quem consegue que dois grãos de trigo cresçam onde só um crescia, é dinâmico.

Aquele que faz um negócio que serve ao público, ou que encontra emprego para outros, é dinâmico.

O que produz um invento útil é dinâmico.

O que compõe boa música, boa poesia, bons quadros ou esculturas, é dinâmico.

Quem cura é dinâmico.

Quem ensina bem, é dinâmico.

Todos estes deixam ao mundo algo um pouco diferente de como o encontraram.

Washington mudou o curso da História, e tu, podes mudar a vida de apenas uma pessoa, curando-a, ensinando-a, ou simplesmente, inspirando-a por teu próprio exemplo.

O essencial é que algo se tenha transformado no quadro exterior.

Há pessoas tontas que ficam satisfeitas de serem chamadas dinâmicas; satisfazem-se em aparentar. Gastam suas energias nas aparências. Adotam uma atitude imponente e falam de modo grandiloquente de forma vaga, das grandes coisas que fizeram ou que pensam fazer. Dão nomes altissonantes às coisas insignificantes, e tudo isto nada mais é do que um complicado exibicionismo que é o oposto ao dinâmico.

O segredo do ser dinâmico é "CRER QUE DEUS AGE ATRAVÉS DE TI", sem importar o que estejas fazendo, pondo teu serviço antes de tudo e sendo tão sincero prático e eficiente quanto possas.

Se colocares este sistema em prática, ainda que seja por um espaço de tempo muito curto, te surpreenderão os resultados assombrosos que irás obter e te verás convertendo-te numa pessoa verdadeiramente dinâmica. Servir bem realmente é estar realmente vivo.

"Por seus frutos, os reconhecereis".

Mateus 7-20.

Capítulo XII

A Realização

Há uma grande diferença entre o que realmente crês o que acreditas que deves crer e o que desejas crer.

Demonstras ou manifestas em toda tua vida exterior aquilo que realmente crês. As demais idéias não se exteriorizam.

Se algum dia chegas a crer em outra coisa, nesse dia começas a manifestá-lo; ou seja, a experimentá-lo. Não antes.

Não basta dizer que sabes que tal ou qual coisa não pode afetar ou fazer mal, quando só tens esta opinião intelectualmente.

Se sentes que algumas coisas não podem causar dano, o caso é diferente. É isso o que chamamos de realização: Sabê-lo e senti-lo, ou ter a convicção.

Não basta repetires que tudo vai ficar bem, a menos que acredites no que estás dizendo.

Não basta dizer superficialmente que Deus está contigo e cuidando de ti, a menos que o acredites e o demonstres, ainda que seja ligeiramente.

O único objetivo de fazer tratamentos espirituais é aumentando a própria realização da verdade que já foi aceita; ou seja, que o erro e o temor não tem poder sobre ti quando não cedes a eles.

Lucas, no Capítulo 10, versículo 19, cita as palavras do Mestre dizendo:

"...nada, por nenhum motivo, poderá prejudicar-te".

Muitas pessoas pedem que lhes seja dada uma confirmação. Estão com a impressão de que repetindo uma frase mágica vão resolver todos seus problemas. Isto está longe da verdade.

Teu problema está contigo devido a uma crença falsa, errônea, que está dentro de ti; ou seja, um processo de pensamento equivocado.

Onde quer que haja desarmonia, sempre há temor presente, e uma afirmação não vai destruir este temor.

Deves refutar ser intimidado pelo perigo aparente, qualquer que seja, e depositar tua confiança no amor de Deus; então, o temor começa a desaparecer.

As afirmações são as lembranças do que devemos crer, porém, é a mudança do nosso processo mental, do erro para a verdade, o que traz a demonstração.

Não o repetir uma frase.

Quando necessite ser guiado para tomar alguma decisão importante, pense e acredite que Deus está te guiando.

Mateus cita a frase do Mestre no Capítulo seis, versículo sete:

> *"Quando ores,*
> *não faças uso de repetições vãs,*
> *como o fazem os pagãos"*

Veja que se refere a essas pessoas que passam contas de um rosário, repetindo Ave Maria e Pai Nossos; os que chama de pagãos.

Capítulo XIII

Estas Te Enganando a Ti Mesmo?

Os ensinamentos de Cristo são evangelhos dinâmicos. Muda realmente todas as coisas.

Convertem a história da vida humana em algo muito diferente do que fora sem estes ensinamentos, e esta é a prova.

Aqueles que não compreendem nosso ensino, às vezes dizem que nos enganamos a nós mesmos, que representamos estar sãos, quando estamos doentes e que simulamos que tudo caminha muito bem, quando na realidade vai mal.

Acreditem estamos nos hipnotizando, invertendo as coisas.

É claro que é falso. Aquele que age desta forma, não está praticando a doutrina de Cristo.

O que fazemos é dar as costas ao quadro negativo, aferrando-nos à Verdade positiva, e assim cuidamos do quadro visível.

Esta é a realidade; esta é a comprovação.

Se o quadro exterior muda, estás trabalhando corretamente.

Não estarás enganado, nem gozando de dissipação emocional.

Se no quadro exterior não houver mudança em tempo razoável, estás te enganando.

Não estás trabalhando corretamente e tens que trocar de sistema.

Também pode acontecer que a mudança seja incompleta ou leve, mas sempre que houver qualquer mudança, significa que se está trabalhando bem.

Não se está enganando ninguém!

Capítulo XIV

A Técnica dos Tratamentos Metafísicos

O que se segue destina-se a ensinar e formular as orações, que em Metafísica chamamos de "tratamentos".

Como passamos o dia a pensar e a decretar, todos os dias oramos de forma negativa ou positiva, criando, portanto, as nossas próprias condições, estados e sucessos.

O importante é manter o ânimo que expressa a oração.

Se depois de afirmar deixa regressar ao pólo negativo, ficará destruído todo o efeito da oração.

Cuide dos seus pensamentos.

Cuide das suas palavras.

Não se deixe arrastar por aquilo que os outros expressam.

Lembre-se que eles ignoram o que você já sabe.

O que pensa e pedes para você, deseja-o também para os outros.

Todos somos um em espírito e essa é a forma mais efetiva de dar.

Melhor que dar pão e água, que só duram uns instantes, mostre a Verdade ela fica com a pessoa para sempre.

Cedo ou tarde o seu dom espiritual chagará à sua mente consciente e assim terá feito o trabalho de salvação num outro irmão.

O Princípio do Ritmo, que é a lei do pêndulo, ou bumerang, devolve para você todo o bem que fazes, assim como todo o mal que fazes.

É comum dizer que "Um e Deus", de maneira que uma só pessoa que eleve a sua consciência ao plano espiritual e reconheça a Verdade na forma expressa mais elevada, é capaz de salvar da ruína uma organização, salvar uma comunidade de crise, uma cidade ou uma nação, porque atua no plano espiritual que é a Verdade, e ela domina todos os planos inferiores.

"Conhecei a Verdade
e ela vos libertara".

Perante uma doença própria ou de outro alguém. Não aceite esta aparência, nem para você, nem para ninguém.

EU SOU Vida, em ti, em mim, em todos os demais.

Obrigado Pai,
por ter me ouvido.

Repete esta afirmação cada vez que chegue à mente o caso que te fez expressá-la.

Em caso de todos os medos: Não aceito nenhum medo. Deus é amor. *EU SOU SEU FILHO, EU SOU AMOR.* Feito de Amor, por Amor.

*Obrigado Pai
por me teres ouvido.*

Para casos de tristeza própria ou de outros: Não aceito isto. *EU SOU* a Alegria. *EU SOU...* (diga tudo de bom que você tem).

Obrigado Pai

Perante toda a manifestação de escassez:

Não aceito esta aparência. O meu mundo contém tudo. *EU SOU* a Abundância de tudo.

*"Obrigado Pai,
porque hoje tenho
tudo o que preciso".*

Perante tudo aquilo que contraria a Paz: Não aceito esta aparência de conflito.

EU SOU a Paz, a Harmonia, a Ordem. Todos somos UM SÓ.

*"Perdoa-os Pai que
eles não sabem o que fazem".
Eu vos dou meu perdão e me perdôo.
Obrigado Pai que me ouviste
e sempre me ouves.*

Capítulo XV

O Amor

Só falta este capítulo para ficares a conhecer o Primeiro Princípio da Criação: O Princípio do Mentalismo, cujo lema é "Tudo é Mente".

Jesus Cristo disse:
"Sois Deuses"

Evangelho S. João, Cap. 10.34

Assim como a Criação toda ela foi um pensamento manifestado, também o homem que é um deus em potência cria com o pensamento tudo o que ele vê manifestado à imagem e semelhança do seu Criado. Isto já sabes.

Também sabes a mecânica desta criação mental; o caráter (positivo ou negativo) daquilo que foi criado; a força (fé ou medo), que determina o caráter; a forma de mudar o aspeto exterior daquilo que criaste (negando e afirmando); o poder da palavra que é o pensamento falado e que por isso confirma as ordens que deste com os teus pensamentos; e finalmente a fórmula infalível para criar, manifestar e obter o melhor, o mais alto, o perfeito: "Conhecendo a Verdade", em acatamento da ordem do Mestre Jesus sabes que esta verdade é a de que fomos criados perfeitos, por um Criador perfeito, com a essência perfeita Dele mesmo, com livre arbítrio para criar de maneira positiva ou negativa; assim sendo, o "mal" não é uma criação de Deus. Não possui qualquer poder perante a Verdade. Que desaparece ao substituir o pensamento e usar a palavra positiva. Jesus disse:

"Não resistirás ao mal"

(Mateus, 5-39)

Ou seja, que dominaríamos o mal com o bem. A verdade única é o Bem.

De agora em diante não poderás jamais voltar a culpar ninguém daquilo que te acontece. Terás que te olhar frente a frente e perguntar:

"Qual foi o meu clima mental nesta circunstância?"

"Fui positivo ou negativo?"

"Senti fé ou medo?"

"Que espécie de decretos lancei com as minhas palavras?"

"Por seus frutos os conhecereis"

Terás sinceramente que contestar a verdade? Agrada-te o que vês? Ou desagrada-te?

Tu o dirás.

Na metafísica cristã, dizemos que Deus possui sete aspectos: Amor, Verdade, Vida, Inteligência, Alma, Espírito e Princípio.

Como vês, todos estes aspectos são estados invisíveis. Portanto mentais. Não os podemos ver nem tocar. Sentimos e apreciamos os seus efeitos. Existem, atuam, são reais, são coisas e ninguém o pode negar. Ao Amor diz-se ser o caráter de Deus, o primeiro aspecto de Deus, a força mais potente de todas as forças e a mais sensível.

Poucas pessoas sabem o que é realmente o amor. A maioria pensa que é aquilo que se sente em relação aos pais, aos filhos, aos cônjuges, aos namorados, etc. Afeto, carinho, atração, antipatia e ódio, são todos diferentes graus de uma mesma coisa; sensação.

O amor é muito complexo e não se pode definir com uma só palavra, porque no nosso planeta entende-se por amor a sensação, apesar de esta não ser senão, o bordozinho exterior do amor. Trataremos de levar a sensação o mais perto que se possa, do amor, para começar a compreendê-lo.

O ponto central da escala que vai do ódio até ao sentimento que aqui chamamos "amor", é a tolerância e a boa vontade.

Parece uma contradição, mas quando se "ama" muito ou demais, faltam a tolerância e a boa vontade. Ou seja, que tanto o excessivo amor como o excessivo desamor são a negação da tolerância e da boa vontade.

Jesus disse:

> *"Paz aos homens de boa vontade"*,

O qual implica que, o que passe daquele ponto não encontra paz. A paz está no centro, o perfeito equilíbrio, nem demais nem de menos, em tudo.

Todos os excessos, mesmo o excesso de Bem (excesso de dinheiro, de amor, de caridade, de oração, de sacrifício, etc) desequilibram o prato da balança; possuem mais peso num dos lados e tiram a paz.

Quando o Gênesis diz:

> *"...de todos os frutos do paraíso podeis comer, salvo o fruto da árvore da ciência do Bem e do Mal"*

Refere-se precisamente a isto.

O tronco da árvore simboliza o centro, o equilíbrio. Os ramos partem deste centro, desprendendo-se para todos os lados, produzindo "frutos". Alguns se manifestam bons, outros maus. Simbolizam os extremos, o excesso em todos os aspectos, pois Deus, que tudo criou, declarou toda a sua obra "boa" (lê no Gênesis) e só menciona a palavra "Mal" quando se refere ao excesso.

Um parêntesis para recomendar que leias e medites o Capítulo 3 de Eclesiasates que começa assim:

> *"Tudo tem o seu tempo..."*
>
> (Bíblia).

Voltemos ao Amor. Aquelas mães que dizem amar tanto os seus filhos que não os permitem separar-se do ninho, nem casarem-se, nem atuarem independentemente delas quando são já homens e mulheres adultos. São egoístas e o que sentem é desejo de poder.

Como aquelas noivas e esposas que sofrem torturas dos seus parceiros. Esse tipo de "amor" não é outra coisa que excesso de sentimento. Ultrapassa a medida e por isso, vão muito além da tolerância e da boa vontade.

Em geral, o excesso de sentimento prova que existe uma falta de desenvolvimento da inteligência. Isto sem dúvida, causará indignação naquelas pessoas que se gabam de serem "muito sentimentais".

Ninguém gosta que outro descubra a sua falta de inteligência, mas podem comprová-lo.

O excesso de emotividade, assim como todos os excessos, são "maus". È uma prova de que falta o contrapeso.

O excesso de calor, por exemplo, equilibra-se com igual quantidade de frio para torná-lo suportável ou agradável.

A inteligência é fria. A emoção é cálida. Uma grande capacidade emotiva é uma qualidade magnífica e muito desejável, sempre que esteja equilibrada com a mesma capacidade intelectual. Isto é o que produz os grandes artistas. Mas o artista tem a sua arte onde focar toda a sua potência emotiva.

Por outro lado, a pessoa exageradamente emotiva e com pouco desenvolvimento intelectual dirige toda a sua paixão para os seres humanos que a rodeiam, pretendendo atá-los para que cumpram o seu desejo.

O remédio para a excessiva emotividade é pensar y refletir muito, sobretudo meditar durante um pouco de tempo e todos os dias, sobre a inteligência.

Começando por perguntar-se: "O que é a inteligência?" Continuando, pensando que no Universo tudo contém inteligência, as plantas, os animais, etc. e terminando por afirmar:

"Eu Sou inteligente,
com a inteligência do próprio Deus,
já que sou criado da mesma essência do Criador;
pela inteligência, com a inteligência
e da inteligência de Deus".

Poucos dias após repetir este tratamento, notar-se-á logo uma mudança na elasticidade e na penetração mental, e após uma única semana de exercício, vê-se a transformação na forma de amar os outros, uma serenidade e uma generosidade peculiar que nunca tinha podido ser capaz de expressar. Ao mesmo tempo, nota-se uma mudança total nos outros, em relação a si. Isto se deve ao fato de sermos "indivíduos", ou seja, indivisíveis, e o que afeta um afeta todos.

O escalão que conseguires atingir ajudará toda a humanidade.

Agora, vamos tratar do inimigo número um da humanidade: O ressentimento e o rancor, para não dizer o ódio.

Quase não existem seres humanos que estejam isentos de ressentimentos, sem saber que isso amargura toda a vida, influencia negativamente toda a manifestação e é a causa de todas as decepções que sofremos, mesmo quando se aprende a "negar e afirmar", a "conhecer a Verdade", a vigiar e corrigir os pensamentos e as palavras.

Um só ressentimento, um rancor gravado no subconsciente e na alma, atuam como uma frequência de fel emanando a sua gota de amargura, abrangendo tudo e contrariando sucessivamente os nossos maiores desejos.

Nada, nem a demonstração mais perfeita pode perdurar enquanto exista esse foco infeccioso frustrando o nosso próprio ser.

A Bíblia, as igrejas, as religiões, cansam-se de advogar pelo perdão e amor pelos inimigos. E tudo em vão enquanto não nos ensinam a forma prática de impormos o perdão aos que nos ferem. Ouve-se muito dizer *"Eu perdôo, mas não consigo esquecer"*. Mentira! Enquanto alguém se lembrar do dano, não perdoou.

Vamos dar a fórmula infalível para perdoar e esquecer ao mesmo tempo, para nossa própria conveniência já que isto nos leva ao ponto central do equilíbrio, o ponto da tolerância e da boa vontade, sendo este esforço AMOR.

São João, o Apóstolo do Amor, disse:

"O Amor é o cumprimento da Lei".

Cumprir com a Lei do Amor é cumprir com todas as Leis. É estar com Deus, em Deus, é sermos ditosos, satisfeitos e completos em todas as nossas manifestações.

O meu mestre dizia:

> *"O homem que ama bem é o homem mais poderoso do mundo".*

E aqui está a receita para bem amar:

Cada vez que sintas algo desagradável perante outro; ou então que te encontres resistindo a algo que tenham feito; ou que reconheças um pequeno rancor ou um desejo de vingança, deliberadamente; lembra; (não é tratar de esquecer a coisa de agora), mas lembra todo o bem que conheces daquela pessoa.

Trata de reviver os bocados agradáveis que gozaste na sua companhia, em tempos passados, anteriores ao momento que te irou.

Insiste em rememorar o bom, as suas boas qualidades, a forma como pensavas nela.

Se conseguires rir de alguma piada que ela tenha dito ou de algo cômico que gozaram juntos, o milagre foi feito.

Se não bastar com um só tratamento, repete-o tantas vezes quanto seja necessário para apagares o rancor ou ressentimento.

Convém fazê-lo "até setenta vezes sete".

Este é o cumprimento da lei dada por Jesus:

> *"Não resistirás ao mal".*

Isto é voltar ao outro prato da balança. É amar os inimigos, bendizer os que nos maldizem, fazer bem aos que nos "aborrecem" e orar por aqueles que nos ultrajam e perseguem, sem nos expormos a que nos pisem. Se o fizeres com sinceridade vais dar conta de algo muito estranho, que é primeiro sentires-te livre, e depois, que um monte de pequenos inconvenientes que apareciam e que não sabias a que atribuir, desaparecem como por encanto, e a tua vida passa a correr sobre rodas. Além disso, te verás amado por toda aquela gente, mesmo por aquelas pessoas que antes não gostavam muito de ti.